My Mom is Awesome
Ho una mamma fantastica

by Shelley Admont

Illustrated by Amy Foster

www.kidkiddos.com
Copyright©2014 by S.A. Publishing ©2017 by KidKiddos Books Ltd.
support@kidkiddos.com

All rights reserved. No part of this book may be reproduced in any form or by any electronic or mechanical means, including information storage and retrieval systems, without written permission from the publisher or author, except in the case of a reviewer, who may quote brief passages embodied in critical articles or in a review.

Tutti i diritti sono riservati. Nessuna parte di questa pubblicazione può essere riprodotta, memorizzata in sistemi di recupero o trasmessa in qualsiasi forma o attraverso qualsiasi mezzo elettronico, meccanico, mediante fotocopiatura, registrazione o altro, senza l'autorizzazione del possessore del copyright.

Second edition, 2019

Translated from English by Adinolfi Sara
Traduzione dall'inglese a cura di Adinolfi Sara

Library and Archives Canada Cataloguing in Publication Data
My mom is awesome (Italian Bilingual Edition)/ Shelley Admont
ISBN: 978-1-5259-1714-1 paperback
ISBN: 978-1-77268-523-7 hardcover
ISBN: 978-1-77268-172-7 eBook

Please note that the Italian and English versions of the story have been written to be as close as possible. However, in some cases they differ in order to accommodate nuances and fluidity of each language.

For those I love the most-S.A.
Per quelli che amo di più-S.A.

Hi, it's me, Liz.
Ciao, sono io, Liz.

Did you know my Mom is awesome?
Lo sapevate che ho una mamma fantastica?

Well, she is! She is smart and funny, strong and patient, kind and beautiful — she's amazing!
Beh, lo è! È intelligente e divertente, forte e paziente, gentile e bellissima – è straordinaria.

"Good morning, sunshine! It's time to rise!" I hear a soft whisper in my ear.

"Buongiorno, raggio di sole! È ora di alzarsi!" Sento un dolce sussurro all'orecchio.

That's my mom, waking me up.

È la mia mamma che mi sveglia.

She gives me a million gentle kisses and hugs me tight, but I still cannot open my sleepy eyes.

Mi da mille baci pieni di tenerezza e mi stringe forte, ma ancora non riesco ad aprire gli occhi assonnati.

"Mommy, I want to sleep," I mutter quietly. "Just for one more minute, please."

"Mamma voglio dormire" mormoro a bassa voce. "Ancora un minuto, ti prego".

She kisses me more and more, but it doesn't help.

Continua a darmi altri baci, ma non aiuta.

So she gives me a piggyback ride to the bathroom.
She is so strong, my mom.

Così mi porta a cavalluccio fino al bagno.
E' forte, la
mia mamma.

She keeps kissing
and tickling me
until I start
laughing hard.

Mi da altri baci
e mi fa il
solletico finché
non scoppio a
ridere.

Mom smiles. She is really beautiful. I like her dresses, her shoes, and how she does her hair.
Mamma sorride. È davvero bella. Mi piacciono i suoi abiti, le sue scarpe e come si sistema i capelli.

"Can you make me something fancy today?" I ask, a glimmer of hope in my eyes. "The braid we saw yesterday on the TV show, can you do something like that?"
"Puoi farmi qualcosa di diverso oggi?" Le chiedo, con una scintilla di speranza negli occhi. "La treccia che abbiamo visto ieri in TV, puoi farmi qualcosa così?"

I know that she can do anything. My mom is awesome.
So che riesce a fare tutto. Lei è fantastica.

Even if she doesn't know how to do something at first, she continues to try until she succeeds. She never gives up.
Anche se in un primo momento non sa come fare una cosa, continua a provarci fin quando ci riesce. Non si arrende mai.

My Mom twirls and weaves my hair until it's a beautiful braid running behind my head.

La mamma mi arriccia e mi intreccia i capelli fino ad ottenere una bellissima treccia.

I'm so thrilled to go to class with my new hair. I can already imagine my friends' reactions. I'm sure Amy will love it.
Non vedo l'ora di arrivare in classe con la mia nuova acconciatura. Posso già immaginare le reazioni delle mie amiche. Sono sicura che Amy la adorerà.

"Your hairstyle is so cool! I saw the same one on TV yesterday!" Amy jumps with excitement. "Who made it?"
"La tua treccia è stupenda! Ne ho vista una uguale ieri in TV!" Amy saltella per l'emozione. "Chi l'ha fatta?"

"My mom!" I say proudly.
"La mia mamma!" Rispondo piena di orgoglio.

As Amy starts exploring my hairstyle closely, more and more girls join her.
Appena Amy inizia ad osservare la mia treccia da vicino, le altre ragazze si uniscono a lei.

"It's a reversed braid!" Amy announces, after a couple of minutes. "With a twist!"

"È una treccia a spina di pesce!" esclama Amy, dopo un paio di minuti. "Con una curvatura alla fine!"

I hear other voices. "It's so cool!" "It looks complicated!" "It probably took a lot of time!"

Sento le altre dire "È bellissima!", "Sembra difficile da fare!", "Ci sarà voluto un sacco di tempo!"

Finally Amy asks, "Can you ask your mom to teach my mom to make this braid?"

Infine Amy chiede "Puoi chiedere a tua mamma di insegnare alla mia a fare questa treccia?"

"Sure! She…" I start to say, but the bell interrupts me and Mr. Z enters the class.

"Certo! Lei…" Inizio a dire, ma la campanella mi interrompe e Mr. Z. entra in classe.

"We are going to learn about fractions," says Mr. Z, while filling the board with strange drawings.
"Oggi parleremo delle frazioni" annuncia Mr. Z, mentre riempie la lavagna di strani disegni.

Why is it so complicated? Halves, thirds and fourths ... my head is going to explode.
Perché è così complicato? Mezzi, terzi e quarti...la mia testa sta per esplodere.

I don't give up though; I ask questions, exactly like my mom would do.
Però non mi arrendo, faccio domande proprio come farebbe la mia mamma.

Mr. Z explains one more time and after, he shows us a fun video about fractions.
Mr. Z spiega ancora una volta e dopo ci mostra un video molto divertente sulle frazioni.

"Next, we'll play a game," he announces. "We'll find fractions in our classroom."
"Poi faremo un gioco" annuncia. La classe si esalta. "Troveremo le frazioni nella nostra aula".

I think I understand fractions much better now, but I still don't feel comfortable with all these strange numbers.
Penso di aver capito meglio le frazioni ora, ma non mi sento ancora sicura con tutti quei numeri strani.

At recess Amy and I run to our favorite place to play. The monkey bars! I love to climb up and hang upside-down.
Durante la ricreazione io e Amy corriamo verso il nostro gioco preferito, la rete per arrampicarsi. Mi piace arrampicarmi e appendermi a testa in giù.

But today on my way to the monkey bars, somehow my jeans get caught in a bush and tear right on my knee.
Ma oggi, mentre mi avvicinavo alla rete, i miei jeans si sono incastrati in un cespuglio e si sono strappati all'altezza del ginocchio.

I almost burst into tears. "These are my favorite pair of jeans. Look, the tear is huge."
Sono quasi scoppiata in lacrime. "Questi sono i miei jeans preferiti. Guarda che strappo enorme!"

Finally I'm home and Mom's back from work. She always understands what I feel.
Finalmente sono a casa e anche mamma rientra dal lavoro. Lei capisce sempre se c'è qualcosa che non va.

"How was your day, sweetie?" her voice full of care. She wraps me in her arms and continues asking questions until I share everything with her.
"Com'è andata la giornata, tesoro?" mi chiede con voce piena di premura. Mi avvolge in un abbraccio e continua a farmi domande finché le racconto tutto.

I spill to her all about fractions, the tear in my jeans and how frustrated I feel.
Le dico tutto sulle frazioni, lo strappo nei jeans e di quanto mi senta giù.

Mom always finds a solution to any problem.
Mamma trova sempre una soluzione ai problemi.

"What shape do you want to cover your tear? Heart or star?" Of course I choose a large pink heart.

"Di che forma vuoi la toppa per coprire lo strappo? Cuore o stella?" Naturalmente scelgo un grande cuore rosa.

She sews a heart-shaped patch over the hole on my torn jeans, so no one will notice the hole underneath. How cool is that?

Così mi cuce una toppa a forma di cuore sullo strappo dei jeans, in modo che nessuno si accorga che sotto c'è un buco. Che magnifica idea!

"Oh, thank you, Mommy," I exclaim happily. "These jeans look so fancy now. Let's put another patch here!"

"Oh, grazie mammina" esclamo contenta. "Questi jeans sono così particolari ora. Mettiamo un'altra toppa qui!"

We work together and design my new cool outfit.
Ci mettiamo al lavoro insieme e creiamo il mio nuovo e originale look.

We sew two smaller heart patches on my jeans and one larger heart on my T-shirt.
Cuciamo due cuori più piccoli sui jeans e uno più grande sulla maglietta.

"Look, now you have new jeans and a matching T-shirt," she says.
"Guarda, ora hai dei jeans nuovi e una maglietta coordinata" dice.

"Mom, you're my hero!" I announce, hugging her tight. We both start laughing loudly.
"Mamma, sei la mia eroina!" Le annuncio, abbracciandola forte. Iniziamo a ridere forte.

Then she pulls me into the kitchen. "It's a time for something sweet. Let's make cupcakes. But we need to use fractions in order for this to work."
Poi mi spinge verso la cucina. "È il momento del dolce. Prepariamo dei cupcake! Però dovremmo usare le frazioni per farli buoni."

"Don't be afraid," Mom says softly. "We'll make it together."
"Non preoccuparti" mi rassicura mamma. "Ti aiuterò io".

I take a deep breath and open Mom's big cooking book.
Faccio un respiro profondo e apro il libro di cucina di mamma.

"For five cupcakes you'll need a quarter cup of flour," I read.
"Per cinque cupcake c'è bisogno di un quarto di tazza di farina" leggo.

"We'll make fifteen cupcakes, for Daddy also," Mom says, "so we need..."
"Noi ne faremo quindici, anche per papà" aggiunge mamma "quindi avremo bisogno di..."

"Three quarter cups of flour!" I exclaim happily. "It's easy!"
"Tre quarti di tazza di farina!" Esclamo soddisfatta. "È facile."

When the evening comes, Mom tucks me in my bed, covers me with my butterfly blanket and says, "I love you, pumpkin."

Giunta la sera, mamma mi mette a letto, mi rimbocca la coperta con le farfalle e mi dice "Ti voglio bene, patatina mia".

"I love you, Mommy," I whisper with a big yawn fluttering my eyes shut. As I think about the wonderful day we had, I fall asleep.

"Ti voglio bene, mammina" mormoro sbadigliando con gli occhi chiusi. Mentre ripenso alla meravigliosa giornata trascorsa, mi addormento.

I wake up in the morning, because I feel warm kisses on my face and hear a gentle voice: "Good morning, sweetie. It's time to rise and shine."

Al mattino mi sveglio col calore dei baci sul viso e il suono gentile di una voce: "Buongiorno, tesoro. È ora di alzarsi e splendere".

My eyes are still closed but I feel her near me. She strokes my hair and it feels wonderful.

I miei occhi sono ancora chiusi ma sento che è vicina a me. Mi accarezza i capelli ed è meraviglioso.

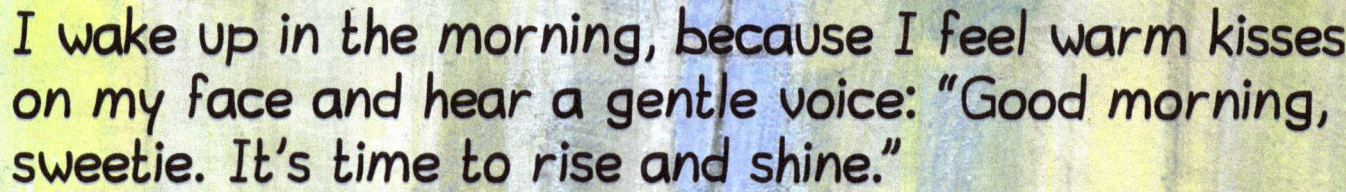

I love my mom. She's awesome. When I grow up, I want to be exactly like her!
Voglio bene alla mia mamma. È fantastica. Quando crescerò voglio essere proprio come lei!

And guess what? Your mom is awesome too. Make sure to give her a hug to let her know how amazing she is!
E sapete una cosa? Anche la vostra mamma è fantastica. Ricordatevi di abbracciarla e di dirle sempre quanto sia straordinaria!